Eignungs- und Orientierungspraktikum an einer Gesamtschule. Eine strukturierte Reflexion bestimmter Schlüsselerlebnisse

Florian Baumann

Bibliografische Information der Deutschen Nationalbibliothek:

Die Deutsche Nationalbibliothek verzeichnet diese Publikation in der Deutschen Nationalbibliografie; detaillierte bibliografische Daten sind im Internet über http://dnb.d-nb.de abrufbar.

ISBN: 9783346390288
Dieses Buch ist auch als E-Book erhältlich.

Druck und Bindung: Books on Demand GmbH, Norderstedt Germany
Gedruckt auf säurefreiem Papier aus verantwortungsvollen Quellen

Das vorliegende Werk wurde sorgfältig erarbeitet. Dennoch übernehmen Autoren und Verlag für die Richtigkeit von Angaben, Hinweisen, Links und Ratschlägen sowie eventuelle Druckfehler keine Haftung.

Das Buch bei GRIN: https://www.grin.com/document/992439

Universität Paderborn   SoSe 18

Zentrum für Bildungsforschung und Lehrerbildung (PLAZ)

Veranstaltung: Eignungs- und Orientierungspraktikum

Portfolio zum Eignungs- und Orientierungspraktikum

Eine strukturierte Reflexion bestimmter Schlüsselerlebnisse im Eignungs- und

Orientierungspraktikums an einer Gesamtschule

Florian Baumann

Lehramt GyGe Chemie/Geschichte

7. Semester

Inhaltsverzeichnis

1 Vorüberlegungen zum Praktikum

1.1 Erfolgs- und Entwicklungsseite vor dem Praktikum

Die Tätigkeiten eines/ einer Lehrers/Lehrerin (LuL) sind vielseitig. Gute LuL müssen nicht nur Fachkenntnisse besitzen und effektiv und verständlich vermitteln können, sie müssen auch pädagogische Arbeiten leisten und die dafür nötigen Kompetenzen mitbringen. Die Tätigkeiten und Kompetenzen eines/ einer Lehrers/ Lehrerin sollen im Folgenden kurz benannt werden. Anschließend werden die persönlichen Stärken und Schwächen reflektiert. Außerdem wird gezeigt welche persönlichen Entwicklungschancen vorhanden sind. Zum Schluss wird kurz dargestellt wie die persönlichen Stärken und Schwächen im Praktikum eingebracht werden.

Neben der Fachkompetenz die LuL mitbringen müssen, müssen auch Planungs- und Organisationskompetenzen vorhanden sein. Außerdem müssen LuL in der Klasse für Ruhe sorgen und eine gewisse Autorität ausstrahlen, um guten Unterricht geben zu können. Aber neben den offensichtlichen Unterrichtskompetenzen brauchen LuL auch pädagogische Kompetenzen, welche außerhalb des Unterrichts benötigt werden. So müssen LuL zum Beispiel auch einen Streit zwischen Schülern schlichten können und Schülerinnen und Schüler (SuS) auf falsche Verhaltensweisen hinweisen und die richtigen Verhaltensweisen beibringen.

Meine persönliche Stärke liegt im Bereich des Fachwissens. Aber auch Neugier und die Bereitschaft mich weiterzuentwickeln gehören zu meinen Stärken. Außerdem bin ich offen und fair gegenüber jedem SuS. Eine meiner Schwächen sind die mangelhaften Kenntnisse im Bereich der Pädagogik und Didaktik. Außerdem besitze ich kaum Kenntnisse im Bereich der Unterrichtsplanung und -durchführung. Mein Wissen um bestimmte Methodiken im Unterricht ist ebenfalls gering. Offenes Sprechen vor größeren Gruppen ist auch eine meiner Schwächen.

Meine Entwicklungschancen sind zunächst die Verbesserung meiner Unterrichtskompetenz, das Erweitern meines Wissens um Methodiken, die Verbesserung meiner pädagogischen Kompetenzen und das Üben des offenen Sprechens vor SuS. Allgemein möchte ich mehr über den Beruf des Lehrers in Erfahrung bringen.

Meine Stärken werde ich konkret einsetzen, indem ich mein Fachwissen bei Hilfestellungen und Kontrollgängen durch den Klassenraum vermitteln werde. Meine praktische Erfahrung welche ich beim Training einer Jugendmannschaft im Handballverein sammeln konnte werde ich ebenfalls im Praktikum anwenden, zum Beispiel bei Pausenaufsichten oder allgenmein im außerunterrichtlichen Umgang mit den SuS.

1.2 Rahmeninformationen zum Praktikum

Mein Praktikum werde ich an einer Gesamtschule absolvieren. Da diese Schule erst vor wenigen Jahren aus der Zusammenlegung einer Real- und einer Hauptschule entstanden ist, befindet sie sich noch im Aufbau, was mir eine gute Gelegenheit gibt in schulinterne Abläufe zuschauen. Unter anderem wird gerade erst mit dem Aufbau einer Oberstufe begonnen. Diese Gesamtschule ist eine integrative Schule, was für mich einen bisher unbekannten Zweig der Entwicklung an Schulen darstellt, den ich ebenfalls gerne näher erkunden würde.

2 Dokumentation und Reflexion des Kompetenzerwerbs

2.1 Entwicklungsfeld „Handlung"

Eine gute Strukturierung einer Unterrichtsstunde ist schwierig zu planen und umzusetzen. Dabei müssen viele Punkte bedacht werden. So muss zum Beispiel die Aufgabenstellung klar formuliert sein und die einzelnen Schritte im Unterricht verständlich und transparent markiert sein, sodass sowohl für den Lehrer bzw. die Lehrerin und die SuS ein klarer roter Faden erkennbar ist. So sind zum Beispiel die Unterrichtsphasen Problemformulierung, Problembearbeitung und Problemdiskussion eine Möglichkeit eine Unterrichtsstunde zu strukturieren. Ein nach solchen Punkten strukturierter Unterricht hat nicht nur einen Einfluss auf die Planung der LuL und das Unterrichtsklima, sondern auch auf die SuS.

Daher lautet die Fragestellung, die zu dem Entwicklungsfeld „Handlung" bearbeitet werden soll, inwiefern eine Naturwissenschaftsstunde in der Unterstufe einer inklusiven Gesamtschule konkret strukturiert werden kann, sodass die SuS möglichst motiviert an der Stunde teilnehmen.

Zunächst soll die Schlüsselsituation beschrieben werden. Dann wird diese Situation interpretiert und analysiert. Anschließend wird das Schlüsselerlebnis bewertet und beurteilt. Aufgrund der daraus gewonnenen Erkenntnisse werde ich Überlegungen anstellen, wie ich mich in Bezug auf die Schlüsselsituation in Zukunft weiterentwickeln kann.

2.1.1 Beschreibung

Die Schlüsselsituation fand am 01.10.2018 in der 8. Stunde statt. Diese Stunde, die ich selbst unterrichtet habe, hielt ich in einer Inklusionsklasse der Stufe sechs einer Gesamtschule. Die Stunde war eine Projektstunde Naturwissenschaften (NaWi). An der Gesamtschule, an der ich war, gab es sogenannte Schwerpunktklassen, die verschiedene Schwerpunkte hatten. So zum Beispiel die Klasse in der ich war. Diese Klasse hatte den Schwerpunkt Naturwissenschaften. Das bedeutet, dass diese Klasse mehr NaWi-Stunden hat als die anderen Klassen derselben Stufe und sich auch umfangreicher und intensiver mit den Naturwissenschaften auseinandersetzt. Das Thema der Projektstunde, die ich unterrichtete war „Chemische Gewässeruntersuchung".

Als Vorbereitung der Stunde habe ich mithilfe verschiedener Quellen Arbeitsblätter für die Schüler erstellt, welche einfach und kindgerecht gehalten werden mussten. Diese Stunde sollte als Vorbereitung auf eine praktische Stunde am Untersuchungsobjekt „Bach" dienen, in der die SuS selber Messungen durchführen sollten.

Ich habe für die SuS vier Arbeitsblätter erstellt, welche einen kurzen und leicht zu verstehenden Infotext beinhalteten, sowie unterstützende Bilder und Graphiken zeigten (siehe Anhang). Dazu habe ich drei leichte Aufgaben gestellt, welch das Verständnis des Textes unterstützen und vertiefen sollten. Ich habe die Themen pH-Wert, Nitratwert, Sauerstoffgehalt und Farbe, Geruch, Temperatur auf die vier Arbeitsblätter verteilt und die Klasse schon vorher in vier Gruppen eingeteilt, welche je eins der vier Arbeitsblätter bearbeiten sollten.

Die Struktur der Stunde habe ich so geplant, dass ich zunächst einen kurzen thematischen Einstieg mit Rückgriff auf eine vorangegangene Stunde anbringen wollte. Anschließend sollten die SuS den jeweiligen Infotext auf ihrem Arbeitsblatt lesen und dann mit ihrem Sitznachbarn kurz besprechen. Danach sollten sie die 3 Aufgaben zunächst allein und dann in Partnerarbeit bearbeiten. In den nächsten Stunden sollten die Gruppen sich gegenseitig ihre Erkenntnisse und Ergebnisse vorstellen, sodass jeder SuS auf das gesamte Wissen für die spätere Untersuchung zurückgreifen kann.

Die Einführung habe ich begonnen mit der Frage, ob die SuS sich an die Stunde erinnern können, in der wir das Thema „Gewässeruntersuchung" begonnen hatten und hab den Hinweis auf die Mind-Map hinzugefügt. Darauf hin konnten sich einige SuS erinnern und haben sogar die Mind-Map aufgeschlagen. Anschließend erklärte ich den SuS, dass wir die biologische Untersuchung schon abgeschlossen hatten und dass wir uns nun der chemischen Untersuchung widmen wollten. Dies führte mich zu meiner nächsten Frage, was wir denn chemisch untersuchen könnten. Die SuS antworteten mit Hilfe der Mind-Map schnell auf diese Frage. Somit hatten wir viele chemische Parameter gesammelt, die wir untersuchen konnten. Nun stellte ich den SuS die Arbeitsblätter vor und somit auch die vier oben schon erwähnten Untersuchungskriterien, die wir vorbereiten wollten. Ich erklärte den SuS wie der Plan für diese Stunde aussehen sollte. Am Anfang der Stunde waren die SuS etwas unruhig und waren verwundert mich vorne als Lehrperson stehen zu sehen. Sonst gab es während der Einführung nur wenige Störungen, auf die ich nicht weiter eingehen musste.

Als keine Fragen zum Ablauf der Stunde oder zu den Aufgaben kamen, teilte ich den vier Gruppen die Blätter aus und die SuS sollten in der Arbeitsphase beginnen alleine den Text zu lesen und sich Notizen bzw. Markierungen zu machen. Dies schafften die SuS auch schnell und konzentriert. Doch als manche der SuS schon fertig waren, wurde es unruhig und laut, was die SuS ablenkte die den Text noch nicht gelesen hatten. Bei Fragen, die während des Lesens aufkamen habe ich versucht die Schüler auf die richtige Antwort hinzuweisen.

Nachdem viele SuS den Text schon fertig gelesen hatten, fragten mich diese, was sie als nächstes machen sollten. Darauf antwortete ich, dass sie schon mit der Bearbeitung der Aufgaben anfangen könnten. Auch dabei habe ich Hilfestellung gegeben, falls diese benötigt wurde. Ab diesem Zeitpunkt wurde es sehr unruhig, da die SuS alle unterschiedlich weit fortgeschritten waren in der Bearbeitung der Aufgaben. Ich habe deswegen versucht Ruhe in den Klassenraum zu bekommen, sodass die restlichen SuS, welche noch nicht fertig waren, mit dem Lesen oder mit der Bearbeitung der Aufgaben, dies zu Ende führen konnten. Dies gelang mir allerdings nicht.

Am Schluss der Stunde hat mir der Lehrer geholfen Ruhe in die Klasse zu bringen, sodass ich den Schülern erklären konnte, dass sie sich ihre Ergebnisse in den nächsten Stunden gegenseitig vorstellen sollen. Außerdem habe ich mir am Ende der Stunde ein kurzes Feedback der SuS eingeholt und sie gefragt, wie sie die Stunde fanden. Darauf werde ich zu einem späteren Zeitpunkt noch eingehen. Zum Schluss habe ich die SuS gebeten die Klasse aufzuräumen und habe den Unterricht beendet.

2.1.2 Interpretation und Analyse

Insgesamt war diese selbst gehaltene Stunde sehr unruhig und die SuS wurden an einem bestimmten Punkt unkonzentriert, laut und demotiviert. Die allgemeine Unruhe in der Klasse kann als Indikator für die geringe Motivation der SuS genutzt werden. Im Folgenden werde ich die Ursachen dafür analysieren und interpretieren.

Ein Grund für die allgemeine Unruhe der SuS im Verlauf der Stunde war, dass ich in dieser Klasse vorher noch nie als Lehrperson aufgetreten bin und mir somit bei ein paar wenigen SuS die Anerkennung als Lehrperson fehlte. Somit ergab sich ein gewisser Mangel an Respekt mir als Lehrer gegenüber. Hieraus folgte ein wenig Unruhe, welche ich mit dem entsprechenden Auftreten und mit Hilfe von Ermahnungen auflösen konnte. Ein der unruhigen Situation entsprechendes, allerdings notwendiges, autoritäres Auftreten gegenüber den SuS kann deren Motivation senken.

Außerdem war den SuS das Stundenziel nicht klar, da ich es versäumt habe dies klar und deutlich zu formulieren und zu kommunizieren. Dies wirkte sich ebenfalls negativ auf die Motivation und somit auf deren Konzentration aus, wodurch es zu einem unruhigen Arbeitsklima in der Klasse kam. Dies hätte ich leicht verhindern können, indem ich den SuS klar und deutlich das Ziel der Stunde kommuniziert hätte und gegebenenfalls das Ziel auch nochmal an der Tafel verschriftlicht hätte.

Weiterhin ist mir aufgefallen, dass die SuS die Einteilung der Gruppen nicht verstanden hatten. Daraus folgte ebenfalls eine gewisse Unruhe und Demotivation der Schüler, die ich erst durch Klarstellen der Gruppeneinteilung wieder lösen konnte. Allerdings blieben einige SuS demotiviert und die Gruppenarbeit bzw. Partnerarbeit blieb relativ erfolglos, was die SuS zusätzlich demotivierte.

Ebenfalls zu beobachten war, dass den SuS der strukturelle Aufbau der Stunde nicht deutlich war und die SuS nicht wussten, welche Aufgabe sie als nächstes hatten, nachdem sie mit der ersten Aufgabe fertig waren. Dies lag an dem Umstand, dass ich die Struktur der Stunde nicht deutlich genug gemacht habe. Woraus auch an dieser Stelle wieder eine gewisse Demotivation und Unkonzentriertheit der SuS folgt, wodurch es vermehrt zu Ruhestörungen kam. Auch an dieser Stelle hätte ich diese Unruhe leicht verhindern können, indem ich die Struktur der Stunde und die zu bearbeitenden Aufgaben an die Tafel geschrieben hätte, sodass jeder Schüler und jede Schülerin dies jederzeit hätte nachlesen können.

Der letzte Grund für die geringe Motivation und die Unkonzentriertheit der SuS und daher für die Unruhe in der Klasse liegt in der Tatsache, dass ich mich ab einen gewissen Zeitpunkt selbst nicht mehr an meine geplante Unterrichtsstruktur gehalten habe und somit die komplette restliche Stunde vollkommen strukturlos wurde. Aus der Tatsache, dass ich mich nicht selbst an die Struktur der Stunde hielt folgte, dass einige SuS weiter mit der Bearbeitung der Aufgaben waren als andere. Demnach waren manche SuS weiter fortgeschritten im Verlauf der Stunde als andere SuS. Hieraus folgte wiederum weitere Demotivation auf Seiten der SuS, die noch nicht soweit waren und Langeweile auf Seiten der SuS, die schon fertig mit der Bearbeitung der Aufgaben waren. Die dadurch entstandene Unruhe, lenkte die noch beschäftigten SuS ab. Das hätte ich verhindern können, wenn ich mich an die Strukturierung der Stunde gehalten hätte. Außerdem hätte ich zum Beispiel mit einer Klingel die Übergänge der einzelnen Arbeitsphasen deutlich machen können.

2.1.3 Bewertung und Beurteilung

Nun wird die Schlüsselsituation bewertet und beurteilt. Hierzu wird zuerst auf die Aussagen der SuS über die Stunde eingegangen und anschließend das Feedback des Lehrers miteinbezogen. Anschließend wird die in der Einleitung gestellten Frage mithilfe von Fachliteratur beantwortet.

Auf das Feedback der SuS wird an dieser Stelle nur kurz eingegangen, da dies nicht so umfangreich vorliegt und sich das meiste Feedback der SuS auf das Arbeitsmaterial bezieht. Das Feedback der Schüler war größtenteils positiv und die Stunde wurde als „gut" empfunden. Dies zeigt, dass ein Teil der Stunde nach Plan gelaufen ist und die SuS im ersten Teil der Unterrichtseinheit motiviert und konzentriert mitgearbeitet haben. Allesding ist den SuS auch aufgefallen, dass im Verlauf der Stunde immer unruhiger wurde, wofür sie keinen klaren Grund nennen konnten.

Das Feedback des Klassenlehrers deckte sich mit meinen Eindrücken. So sei es an einem bestimmten Punkt der Stunde zunehmend unruhig geworden. Dies lag laut ihm nicht an meinem Auftreten und Präsenz in der Stunde. Ein Grund, so stellte der Klassenlehrer fest, sei dass die Schüler aufgrund des Nachmittagsunterrichts unkonzentriert waren. Verstärkend kam hinzu, dass ich die Aufgabenstellung und das Ziel der Stunde sowie die Phasenübergänge nicht transparent und deutlich genug kommuniziert habe. Der Tipp, den mir der Lehrer gab war, dass ich die Aufgabenstellung bzw. die einzelnen Phasen (Struktur) und das Ziel an die Tafel hätte schreiben können, was dazu geführt hätte, dass die Struktur und die Aufgaben den SuS klar gewesen wäre und sie somit konzentrierter, strukturierter und motivierter mitgearbeitet hätten.

Nun wird eine ausgewählte Unterrichtsstruktur aus der Literatur beschrieben und anschließend mit der von mir verwendeten Struktur verglichen. Die Unterrichtsstruktur bzw. die Unterrichtsplanung von G. Kochansky und W. Schmid basiert auf vier Unterrichtsphasen. In der ersten Phase wird eine Wiederholung am Anfang der Stunde gestellt, die einen Bezug auf das Vorwissen und Erfahrungen der SuS haben sollte. So würden „relevante Gedächtnisinhalte" aktiviert und „durch Vergegenwärtigung" gefestigt, zugleich würde die Motivation der SuS durch „Erfahrungsbezüge" hergestellt.[1] Die zweite Phase dreht sich um die Übertragung von Informationen. Also sollen die SuS hier Kenntnisse gewinnen.[2] Die dritte Phase befasst sich mit der Umwandlung der Kenntnisse in Erkenntnisse.

1 Vgl. Kochansky, G., Schmid, W., Lehrbuch zur Unterrichtsplanung, Baltmannsweiler, 1981, S. 21
2 Ebd., S. 21

Die Erkenntnisse können z.B. in Form von Gesetzmäßigkeiten auftreten. Laut den Autoren motiviert die Erkenntnisgewinnung die SuS zusätzlich.[3] Während der vierten Phase wird die Erkenntnis in Wissen umgewandelt. So werden z.B. die zuvor erkannten Gesetzmäßigkeiten auf andere Fälle angewandt.[4] Außerdem, so die Autoren, sollten die einzelnen Phasen klar von einander getrennt sein.[5] Nun wird die gerade erläuterte Unterrichtsstruktur mit der von mir angewandten verglichen. Allgemein war meine Struktur so aufgebaut wie die eben beschriebene. Allerdings wurde die vierte Phase auf eine nachfolgende Stunde verschoben. Außerdem habe ich im Unterricht die einzelnen Phasen nicht klar voneinander getrennt, wodurch unter den SuS Unruhe und Unkonzentriertheit aufkam und die Motivation der SuS gleichzeitig sank.

2.1.4 Persönliche Weiterentwicklung

Für die Zukunft nehme ich mir vor meine Unterrichtsplanung zu intensivieren und genauer zu erarbeiten. Die Unterrichtsstruktur werde ich anhand des beschriebenen Beispiels in vier Phasen unterteilen und im Unterricht konsequenter trennen und durchführen (lassen). Außerdem werde ich die Tipps des Klassenlehrers befolgen und das Ziel, die Unterrichtsstruktur und die Arbeitsaufträge den SuS gegenüber transparenter und exakter kommunizieren, sodass die Motivation der SuS hoch ist und somit ein ruhiges Arbeitsklima in der Klasse vorherrscht.

8

3 Ebd., S. 22
4 Ebd., S. 23
5 Ebd., S. 22

2.2 Entwicklungsfeld „Erkundung"

Die Gruppenbildung ist in jeder Klasse jeder Stufe eine schwierige Angelegenheit. Um in jeder Gruppe ein gutes Gruppenarbeitsklima zu schaffen sind zahlreiche Faktoren zu beachten. So z.B. die Sozialisation der einzelnen SuS und die Gruppendynamik. Bei der Bildung der Gruppen für Gruppenarbeiten gibt es zahlreiche verschiedene Möglichkeiten diese zu bilden (Zufall, durch LuL, durch SuS, usw.). Da dies keine unproblematische Angelegenheit darstellt, treten häufig Probleme auf, die es entweder vorher schon zu vermeiden oder nachher zu lösen gilt.

Daher lautet die Fragestellung, die im Entwicklungsfeld „Erkundung" bearbeitet werden soll, wie LuL mit Problemen bei der Gruppenbildung in einer I-Klasse einer Gesamtschule umgehen können, sodass bei der Bearbeitung der Aufgabe in der Gruppe ein gutes Arbeitsklima vorherrscht.

Zuerst wird die Schlüsselsituation beschrieben. Daraufhin wird diese Situation interpretiert und analysiert. Anschließend wird das Schlüsselerlebnis bewertet und beurteilt. Aufgrund der daraus gewonnenen Erkenntnisse werde ich Überlegungen anstellen, wie ich mich in Bezug auf die Schlüsselsituation in Zukunft weiterentwickeln kann.

2.2.1 Beschreibung

Die Schlüsselsituation fand am 03.09.2018 in der 8. Stunde statt. Diese Stunde war eine Projektstunde NaWi in einer I-Klasse des 6. Jahrgangs, in der ich hospitiert habe. Zu Beginn der Stunde hat der Lehrer eine kurze thematische Einführung mit einem Rückgriff auf die vorangegangene Stunde gehalten. Dabei hat er die Aufgabenstellung und das Ziel der Stunde deutlich gemacht und erörtert. Die Aufgaben sollten in Gruppen bearbeitet werden. Anschließend hat der Lehrer im Dialog, also unter Beachtung der Wünsche der SuS und unter Beachtung der Gruppendynamik, die Gruppen eingeteilt. Als ein großer Teil der SuS schon in Gruppen eingeteilt war, hat der Lehrer die verbleibenden SuS zusammen in eine vierer Gruppe eingeteilt. Somit waren nun der introvertierte Schüler 1, der extrovertierte Schüler 2 und die beiden Schüler 3 und 4 in einer Gruppe. Nun sollten die Gruppen sich zusammenfinden.

Schüler 1 weigerte sich allerdings mit Schüler 2 zusammenzusitzen und zu arbeiten. Stattdessen stellte sich Schüler 1 in die hintere Ecke des Klassenzimmers und begann zu weinen. Auf Nachfragen reagierte der Schüler zunächst nicht. Der Lehrer reagierte zuerst ruhig auf das Verhalten des Schülers und versuchte ihn zu beruhigen und somit zur Mitarbeit zu bewegen. Dabei erklärte er dem Schüler, warum es wichtig ist, in Gruppen arbeiten zu können. Die Versuche des Lehrers halfen allerdings nicht und der Schüler erklärte, er wolle lieber allein arbeiten, da er dies viel besser könne. Der Lehrer erwiderte, dass die Gruppenarbeit nicht allein zu bewältigen sei und wurde dabei etwas bestimmter. Als auch dieser Versuch scheiterte, versuchte der Lehrer mit Hilfe der anderen SuS eine Lösung zu finden und schnell eine für alle zufriedenstellende Gruppenkonstellation zu finden. Als aber auch dieser Versuch des Lehrers erfolglos blieb, begann der Lehrer im Hinblick auf die Zeit mit der Gruppenarbeit und ignorierte den Schüler 1, welcher sich wieder auf seinen ursprünglichen Platz gesetzt hatte.

Nach der Stunde erklärte mir der Klassenlehrer, dass es mit diesem Schüler 1 schon vorher Probleme mit der Teamfähigkeit und der Gruppenbildung gab und dass der Schüler zwar keinen Förderschwerpunkt habe, aber mit den Eltern des Schülers und dem Sozialpädagogen darüber beraten würde, ob der Schüler den Förderschwerpunkt „emotionale und soziale Entwicklung" (ESE) bekäme.

Außerdem erfuhr ich später von dem Schüler 1, dass er mal von der Schülerin B in der fünften Klasse geärgert wurde und er aufgrund dessen Schüler 2 nicht mögen würde und daher nicht bereit war mit ihr zusammenzuarbeiten.

In der nächsten Stunde begann der Lehrer abermals mit der gesamten Klasse eine Lösung für das vorherige Problem zu finden und ging dabei mehr auf die Vorschläge der SuS ein. Am Schluss konnte eine halbwegs zufriedenstellende Lösung für alle SuS gefunden werden.

2.2.2 Interpretation und Analyse

Die Situation empfand ich als sehr spannend und zugleich enttäuschend. Spannend war die Situation einerseits, da ich gut eine Konfliktsituation am Beispiel der Gruppenbildung und den Umgang des Lehrers mit dieser Situation beobachten konnte. Andererseits hat mich die Situation auf menschlich, normativer Ebene enttäuscht, da das Verhalten des Schüler 1 seiner Mitschülerin gegenüber nicht korrekt war. Allerdings müssen in dieser Situation eine gewisse Empathie und Verständnis dem Schüler A entgegengebracht werden, um eine Lösung des Problems zu finden. Natürlich muss der Schüler auch lernen mit anderen SuS zusammen zu arbeiten, auch wenn keine Sympathien bestehen. Daher ist die Lösung des Problems durch den Lehrer keine leichte Aufgabe. Der Lehrer hatte mehrere Möglichkeiten in dieser Situation zu Handeln und somit auch verschiedene Ziele zu erreichen.

Exemplarisch werde ich kurz die Handlung des Lehrers wiedergeben und eine alternative Handlungsmöglichkeit ausführen. Dabei stelle ich auch kurz die Vor- und Nachteile beider Handlungsmöglichkeiten dar.

Der Lehrer hat versucht in einer Plenumsdiskussion die gesamte Klasse an der Lösungsfindung zu beteiligen. Dies hatte den Vorteil, dass das Sozialverhalten und die Empathie aller SuS gefördert wurden, da die SuS sich in den Schüler A hineinversetzen mussten, um eine gute Lösung zu finden. Allerdings scheiterte dies, da die SuS nicht bereit waren die schon vorhandenen Gruppen aufzubrechen und neu zu bilden. Der Nachteil bei dieser Option ist, dass viel Zeit verloren ging und das Stundenziel nicht erreicht wurde.

Bei der alternativen Handlungsmöglichkeit bestimmt der Lehrer neue Gruppen, ohne auf die Wünsche der SuS einzugehen. Hierbei ist der Vorteil, dass mehr Zeit zur Bearbeitung der Aufgaben bleibt und das Stundenziel erreicht wird. Der Nachteil ist, dass die Schüler sich keine sozialen Kompetenzen aneignen.

Nachdem der Lehrer allerdings mit seiner ersten Handlung, die oben kurz beschrieben wurde, zu keiner Lösung gelangte, fing der Lehrer mit der Gruppenarbeit an und ging über das Problem hinweg, um es später zu lösen. Bei der Beobachtung der Situation viel mir keine bessere Lösung ein, wie der Lehrer diese Situation nun auflösen könnte.

2.2.3 Bewertung und Beurteilung

Unter Beachtung der oben genannten Handlungsmöglichkeiten und dessen Vor- und Nachteile, hätte ich mich zunächst ähnlich wie der Klassenlehrer entschieden, da sowohl die sozialen Kompetenzen als auch das Erreichen des Lernziels wichtig sind.

Da die Gruppenbildung ein Problem darstellen kann, werde ich nun nach weiteren Kriterien für Gruppenbildung in der Literatur suchen und diese auf die Schlüsselsituation anwenden. Um in möglichst allen Gruppen eine gute Arbeitsatmosphäre zu schaffen sind verschiedene Kriterien zu beachten. So führen Fuhrich und Gick die jeweilige Begabung der SuS, deren soziale Beziehungen untereinander und die Anzahl der SuS pro Gruppe als Kriterien auf, wobei sie auf letzteres nicht weiter eingehen.[6]

6 Vgl. Fuhrich, H., Gick, G., Der Gruppenunterricht. Theorie- Praxis, Ansbach, 1951, S. 27

Diese drei Kriterien führt auch Meyer auf. Da diese drei Kriterien allein allerdings nicht ausreichen, betont Meyer noch weitere Kriterien. So nennt er den Arbeitsinhalt (also die Aufgabenstellung), das Alter der SuS, die äußeren Raum- und Arbeitsverhältnisse und zusätzlich noch den Charakter der einzelnen SuS als Kriterium auf, die bei der Bildung von Gruppen in der Klasse beachtet werden müssen.[7] Zentral sind auch bei Meyer die sozialen Bindungen der SuS untereinander, wobei er betont, das diese von der „gegenseitigen Kenntnis der Schüler" abhängt. Diese „gegenseitige Kenntnis" und das Alter der SuS, sowie die Dauer des sich gegenseitigen Kennens resultiert in einem je nach dem großen oder kleinen Netzwerk sozialer Bindungen. Also je besser sich die Schüler gegenseitig kennen oder auch im Laufe der Zeit kennen lernen, desto größer das Netzwerk.[8]

Wenn nun diese Kriterien auf die Schlüsselsituation angewandt werden, fällt auf, dass der Grund für die Probleme bei der Gruppenbildung nicht die Aufgabenstellung, die Raumverhältnisse, die Gruppengröße oder die jeweilige Begabung und Leistungsfähigkeit der SuS war. Das eigentliche Problem war, dass die soziale Bindung zwischen Schüler A und Schülerin B aufgrund eines anderen Vorfalls belastet war und die beiden Schüler sich daher nicht so gut kannten. Hierbei spielte auch das geringe Alter und der introvertierte bzw., extrovertierte Charakter der beiden Schüler eine Rolle.

Um das Problem aufzulösen oder es sogar vorzubeugen wäre eine gute Kenntnis des sozialen Netzwerks in der Klasse nötig gewesen. Somit hätte der Schüler A nicht mit der Schülerin B in eine Gruppe gedurft und die Stunde hätte wie geplant von statten gehen können und das Stundenziel wäre womöglich erreicht worden.

2.2.4 Persönliche Entwicklung

Mir war zu Anfang dieser Stunde nicht bewusst, welchen Einfluss das soziale Netzwerk und die gegenseitige Kenntnis der SuS auf die Gruppenbildung und somit das Klassen- und Gruppenklima haben können. Daher nehme ich mir vor, später bei der Einteilung der Gruppen in einer Unterrichtsstunde sowohl das Kriterium des sozialen Netzwerks als auch alle anderen erwähnten Kriterien zu beachten, damit solche Probleme, wie sie in der Schlüsselsituation vorkamen, in meinem Unterricht möglichst nicht vorkommen.

7 Meyer, E., Gruppenunterricht. Grundlegung und Beispiel, Worms, 1964, S. 47,64 ff
8 Ebd., S. 47

3 Abschlussreflexion

3.1 Erfolgs- und Entwicklungsseite nach dem Praktikum

In den Vorüberlegungen vor dem Praktikum habe ich Kompetenzen genannt, die ein Lehrer mitbringen muss und habe anschließend überlegt, welche dieser Kompetenzen ich bereits besitze und welche nicht. Außerdem habe ich überlegt, wie ich diese Stärken und Schwächen in mein Praktikum mit einbringen möchte. Am Ende des Praktikums kann ich nun sagen, dass ich meine Stärken ausgebaut und meine Schwächen verringert oder sogar ausgelöscht habe.

So war eine meiner Schwächen, dass ich Angst hatte vor einer Klasse zu stehen und offen zu sprechen. Dies hat sich allerdings relativiert, als ich das erste Mal vor einer Klasse stand und eine eigene Stunde halten musste. Eine weitere Schwäche war, dass ich kaum didaktisches und pädagogisches Vorwissen mitgebracht habe. Dabei haben mir aber die LuL geholfen, sodass ich erste Erfahrungen diesbezüglich machen konnte. Allerdings weiß ich auch, dass ich in dieser Hinsicht noch einiges mehr lernen muss und ich bin bereit dies zu tun. Das Wissen um Methodiken war am Anfang des Praktikums ebenfalls sehr gering und ich habe von den LuL gute Tipps bekommen, wie ich mich in diesem Bereich verbessern kann. So meinte z.b. eine Lehrerin, dass ich die Ergebnisse der Stunde an die Tafel bringen solle und abschreiben lassen müsse und dass ich außerdem mein Tafelbild verbessern müsse.

Meine Stärken habe ich im Praktikum z.b. im Umgang mit den SuS angewandt. So zählte ich z.B. Offenheit und Fairness zu meinen Stärken. Aber auch meine Bereitschaft mich weiter zu entwickeln und meine Neugier habe ich in zahlreichen Gesprächen mit den Lehrern bewiesen. Mit meinem Fachwissen konnte ich den SuS bei Fragen gut weiterhelfen.

Für mein weiteres Studium nehme ich mir konkret vor, meine Fähigkeiten, Kompetenzen und mein Wissen um die Didaktik, Pädagogik und die Methodik weiterzuentwickeln, damit ich mein Ziel, ein guter Lehrer zu werden, erreiche.

3.2 Persönliche Bewertung des Praktikums

Insgesamt hat mir das Praktikum sehr viel Spaß gemacht, was ich nicht unbedingt erwartet hätte. Dies hat jedoch meinen Wunsch Lehrer zu werden und SuS zu helfen bestärkt. Neben diesem Fakt habe ich allerdings auch gelernt, dass dieser Beruf sehr anstrengend sein kann. Vor allem in Hinsicht auf die langwierige Planung von z.b. Unterrichtseinheiten. Aber auch der psychische Druck auf LuL kann sehr hoch sein. Aber alles in allem kann ich sagen, dass ich bereit bin diesen Umständen entgegenzutreten und sie zu überwinden.

4 Literaturverzeichnis

Meyer, E., Gruppenunterricht. Grundlegung und Beispiel, Worms, 1964, S. 47,64, 65, 69

Fuhrich, H., Gick, G., Der Gruppenunterricht. Theorie- Praxis, Ansbach, 1951, S. 27

Kochansky, G., Schmid, W., Lehrbuch zur Unterrichtsplanung, Baltmannsweiler, 1981, S. 21-23

BEI GRIN MACHT SICH IHR WISSEN BEZAHLT

- Wir veröffentlichen Ihre Hausarbeit,
  Bachelor- und Masterarbeit

- Ihr eigenes eBook und Buch -
  weltweit in allen wichtigen Shops

- Verdienen Sie an jedem Verkauf

Jetzt bei www.GRIN.com hochladen
und kostenlos publizieren